ANALISI DEL LIBRO

AF156554

Da una storia vera

DELPHINE DE VIGAN

ANALISI DEL LIBRO

Scritto da Lucile Lhoste
Tradotto da Sara Rossi

Da una storia vera

DELPHINE DE VIGAN

DELPHINE DE VIGAN

ROMANZIERE, SCENEGGIATORE E REGISTA FRANCESE

- **Nato a Boulogne-Billancourt (Francia) nel 1966**
- **Opere degne di nota:**
  - *No e Me* (2007), romanzo
  - *Underground Time* (2009), romanzo
  - *Niente trattiene la notte* (2011), romanzo

Delphine de Vigan è un'autrice francese che ha ottenuto un notevole successo letterario negli ultimi anni, in particolare grazie ai suoi romanzi *No e Me* (che ha vinto il Prix des libraires francese nel 2008) e *Underground Time*, nonché al suo libro autobiografico *Nothing Holds Back the Night* (che ha vinto il Prix Renaudot young adult, il prix du roman Fnac e il Grand prix des lectrices de Elle nel 2011). Nei suoi libri il confine tra finzione e realtà è piuttosto labile e la sua scrittura calda e fluida offre ai lettori uno scorcio della sua interiorità. Tuttavia, la de Vigan rimane modesta e riservata e non ama l'esposizione mediatica che ha accompagnato il suo successo professionale. Oltre alla carriera di scrittrice, ha anche una passione per il cinema: diversi suoi romanzi sono stati adattati per il cinema e nel 2014 ha diretto il suo primo lungometraggio, *À coup sûr*.

DA UNA STORIA VERA

UN MODO DI SCRIVERE DI SÉ

- **Genere:** autobiografia, thriller
- **Edizione di riferimento:** De Vigan, D. (2017) *Da una storia vera*. Trans. Miller, G. Londra: Bloomsbury.
- **1ª edizione:** 2015
- **Temi:** manipolazione, finzione, realtà, doppio, seduzione, depressione, dualità

Da una storia vera è l'ottavo romanzo di Delphine de Vigan ed è stato un successo immediato quando è stato pubblicato nel 2015, anno in cui è stato candidato al Prix Goncourt, al Prix Renaudot e al Prix Médicis, tre dei più prestigiosi premi letterari francesi, e ha riscosso un grande successo tra i lettori. Questo romanzo, a metà strada tra l'autobiografia e il thriller, racconta la storia di un'amicizia ambigua tra Delphine, la voce narrante, e una donna conosciuta solo come "L.", che incontra per caso e che inizia a invadere sempre più la sua vita. In questo romanzo, che ha molte delle caratteristiche di un thriller psicologico, l'autrice si interroga sulla dualità dello scrittore e sulla legittimità della finzione all'interno della letteratura.

SINTESI

UN AUTORE CHE SOFFRE DEL BLOCCO DELLO SCRITTORE

La narratrice del romanzo, Delphine, è un'autrice di successo, ma è assalita dai dubbi quando si trova a corto di ispirazione. La scrittrice racconta a posteriori gli eventi che hanno preceduto il suo blocco dello scrittore e il ruolo che la sua nuova amica L. ha avuto nella sua dolorosa e frustrante situazione.

Oltre alle sue difficoltà di scrittura, Delphine si è isolata nel corso dei giorni e delle settimane precedenti. Ha smesso di pagare le bollette e di rispondere alle e-mail e non vede più nessuno, a parte L. Questo significa che non ha più una vita sociale ed è sprofondata in una grave depressione. Un giorno cerca di ricominciare a scrivere immaginando un personaggio di un reality show televisivo puramente fittizio, poi riprende in mano uno dei suoi libri incompiuti, ma senza successo. Non riesce a scrivere nemmeno una riga e persino sedersi davanti al computer la fa stare male.

Quando L. si trasferisce nell'appartamento della protagonista, Delphine si lascia andare ancora di più, vagando senza meta e senza fare nulla di produttivo. Questa donna sconosciuta sembra provare piacere nel prendersi cura dell'amica e insiste perché torni a scrivere, anche se non le lascia molta libertà. L. si comporta come se fosse l'unica persona che conosce veramente Delphine e può giudicare il suo potenziale come scrittrice. Passano le settimane e la situazione rimane invariata: L. copre l'inattività dell'amica occupandosi della sua posta, delle bollette e di alcuni altri progetti. Addirittura, collabora alla stesura della prefazione di una nuova edizione di un testo di Maupassant (scrittore francese, 1850-1893) che Delphine avrebbe dovuto scrivere. Ma come si è arrivati a questo? Da dove nascono i problemi di Delphine?

IL SUO INCONTRO CON L.

Delphine incontra L. a un ricevimento. Fin dalla loro prima conversazione, è chiaro che hanno molte cose in comune: sono entrambe autrici, amano il cinema, sono entrambe indipendenti, sono entrambe curiose di conoscere altre persone, e così via. Tra loro sboccia un'amicizia. Delphine, che si sente tesa ed esausta dopo l'uscita del suo ultimo libro, scopre presto che confidarsi con l'amica le viene naturale. Lei, timida per natura, non ama essere al centro dell'attenzione e lotta contro la sua fama. Inoltre, il recente successo la preoccupa: riuscirà a fare meglio con il suo prossimo romanzo? E se questo libro si rivelasse l'ultimo? Parla a L. di come si sente. L'altra donna è molto ricettiva nei suoi confronti e sembra essere la persona più adatta ad ascoltarla e a comprendere i suoi sentimenti, anche se si sono incontrate solo da poche ore.

Dopo questa serata, le due donne mantengono un'amicizia intensa, vedendosi tutti i giorni e parlando regolarmente al telefono. Allo stesso tempo, Delphine inizia a ricevere lettere anonime di minaccia che sembrano provenire da un familiare o da una persona a lei vicina. Queste lettere hanno un forte effetto su di lei e la spingono un po' più in là nella sua vita di apatia. Inoltre, Delphine inizia a ricordare sprazzi del suo passato e si rende conto di aver già incontrato L., dato che andavano a scuola insieme. Ma perché L. non ne ha mai parlato? Il loro incontro al ricevimento è stato davvero casuale? Delphine teme che queste domande possano portare a qualcosa e le tiene per sé.

TRA FINZIONE E REALTÀ

Il rapporto tra le due donne prende una nuova piega quando Delphine inizia a diventare più indipendente e accetta di fare un'intervista a un giornalista che vuole parlare con lei di uno dei suoi romanzi. Durante l'intervista, la narratrice si diverte a raccontare la sua storia e a parlare con qualcuno che non sia L. Inoltre, Delphine si rifiuta di scrivere un altro libro autobiografico, ma L. ha il cuore in mano e insiste che deve farlo. A parte questa divergenza di opinioni, le due donne vivono pacificamente insieme. Tuttavia, l'incapacità di Delphine di scrivere è un segreto condiviso che crea un legame pericoloso tra loro, soprattutto quando L. sostituisce l'eroina quando non può più evitare di scrivere e diventa la sua ghostwriter.

Tuttavia, un giorno Delphine scopre che L. ha inviato segretamente un'e-mail a tutti i suoi amici dicendo loro di non contattarla più e le due donne hanno un'accesa discussione. L. cerca di giustificare le sue azioni spiegando che la narratrice deve concentrarsi sulla stesura del suo prossimo romanzo. Il giorno dopo questo litigio, L. lascia l'appartamento di Delphine e si trasferisce in un albergo. Tuttavia, in breve tempo il caso fa riavvicinare le due donne quando Delphine cade misteriosamente dalle scale del suo appartamento. La sua cosiddetta amica si trova per caso nelle vicinanze e si precipita in suo aiuto. Ora che la sua gamba è steccata e deve usare le stampelle, la narratrice trova difficile vivere da sola. Il suo compagno François, critico letterario, è all'estero per lavoro e non può occuparsi di lei. Naturalmente L. si offre di prendersi cura di Delphine e le due donne si rifugiano nella casa di François a Courseilles, in Normandia, in modo che la scrittrice possa tornare a concentrarsi sul suo prossimo libro.

Durante questo viaggio, le due donne si ritrovano a porte chiuse e completamente isolate dal mondo. Per la prima volta da quando si sono incontrate, L. si confida con Delphine, raccontandole del suicidio del marito e della sua infanzia difficile. Ma sta dicendo la verità? Sebbene la narratrice inizialmente le creda, in seguito nutre forti dubbi. Passano i giorni e Delphine ha una rivelazione improvvisa: L. sarà il soggetto del suo prossimo romanzo. Temendo la reazione dell'altra donna, tiene per sé la trama della storia. Purtroppo, pensa che L. abbia capito cosa ha intenzione di fare, anche se non lo sa con certezza. Allo stesso tempo, l'eroina si ammala a tal punto da non riuscire più ad alzarsi dal letto. Questa volta non crede che si tratti di una semplice coincidenza ed è convinta che la sua cosiddetta amica la stia avvelenando. Poi, tutto accade molto rapidamente: scappa, sviene e viene ricoverata in ospedale.

Delphine si sveglia in un letto d'ospedale con François accanto. Gli racconta tutto, dall'incontro con L. fino alla situazione attuale. Tuttavia, la sua storia sembra inverosimile e persino il suo compagno stenta a crederci. In effetti, sembra che nessuno conosca L., né l'abbia mai incontrata.

Inoltre, non c'è traccia che qualcuno, a parte Delphine, abbia vissuto a Courseilles.

Se L. è sparita definitivamente dalla sua vita, alla scrittrice resta un'ultima domanda: è davvero esistita? Un giorno Delphine riceve una telefonata dal suo editore, che si congratula con lei per il suo nuovo brillante libro. La narratrice è sbalordita e costernata perché non scrive nulla da mesi, e si rende conto che L. ha preso il suo nome e ha scritto un libro che avrà più successo di qualsiasi cosa avrebbe potuto scrivere lei. Finzione o realtà? Follia o ragione? Inganno o tradimento? Alla fine della narrazione, rimangono dei dubbi sull'identità dell'autore del romanzo e sull'esistenza stessa di L.

STUDIO DEL CARATTERE

DELPHINE

Delphine, la voce narrante del libro, è una scrittrice quarantenne che vive a Parigi. È madre divorziata di due figli e ha una relazione con François, anche se vive da sola. Dopo la pubblicazione del suo ultimo romanzo, è alle prese con la sua improvvisa fama (inviti in libreria e nelle scuole, richieste di interviste da parte di giornalisti e così via). Per Delphine, timida ed emotiva per natura, la nuova popolarità è difficile da gestire: non sopporta di essere al centro dell'attenzione e si sente impotente di fronte ai lettori e alla stampa. Il libro che l'ha portata a questo folgorante successo parla di una parte molto personale della sua vita. Spiega: "Avevo scritto un libro di cui non avevo previsto l'impatto". Di conseguenza, sente il bisogno di mantenere una certa distanza dai suoi lettori.

Inoltre, la narratrice è una donna indipendente che ama fare le cose da sola, anche se le piace stare con gli amici. Non si sente a suo agio nei grandi gruppi, ma ama le relazioni più intime. Inoltre, è molto rapida nel fare amicizia e rimane fedele alle persone che le piacciono: "È innegabile che io sia una persona che si affeziona, e che si affeziona a lungo".

Quando incontra L., Delphine è reduce da una fiera del libro in cui si sentiva troppo debole per firmare il suo libro. Nonostante si senta fragile, tesa ed esausta, si reca comunque al ricevimento dove L. la avvicina – o forse è stato il contrario? In ogni caso, quando le due donne si incontrano, Delphine si pone come vittima e L. come salvatrice.

La somiglianza tra i due personaggi è innegabile: sono entrambe scrittrici indipendenti che vivono da sole in appartamenti a Parigi. La solitudine è una delle cose più importanti che hanno in comune. Per Delphine, questo isolamento deriva da una serie di partenze che hanno avuto un forte impatto sulla sua vita: i suoi figli hanno abbandonato il nido, i suoi amici si sono trasferiti in campagna e François viaggia regolarmente. A causa della loro somiglianza, la narratrice si affeziona rapidamente a L. Più che un'amicizia, tra le due donne si sviluppa un legame incrollabile e una malsana fascinazione reciproca. Delphine sente che la sua amica ha tutte le qualità che lei vorrebbe avere (fiducia in se stessa, carisma, eleganza e così via). La ammira per questo e, soprattutto, per la sua capacità di scrivere quando lei stessa soffre del blocco dello scrittore.

L.

L'iniziale L., che compare per la prima volta nelle pagine iniziali del romanzo, si riferisce a un personaggio femminile sulla quarantina che vive a Parigi. L., di cui non ci viene detto il nome, era una giornalista prima di lavorare come ghostwriter per autobiografie femminili. Nel corso del romanzo, viene sempre descritta attraverso gli occhi di Delphine:

> *"L. era perfetta. Mi ha fatto pensare alle pubblicità di Gérard Darel. La ricordo chiaramente: proprio quella – la raffinatezza semplice e moderna, il sapiente mix di materiali classici e conservatori e di dettagli audaci".*

Come si nota, il narratore vede L. come una donna molto bella ed elegante che fa girare la testa agli uomini. Inoltre, sembra molto attenta ed empatica: "Mi resi conto abbastanza rapidamente che L. aveva un incredibile senso dell'altro, un dono per dire la cosa giusta, dicendo alle persone esattamente ciò che avevano bisogno di sentire".

Nonostante la sua apparente compostezza e disponibilità emotiva, L. sembra portare con sé un fardello del suo passato di cui non riesce a parlare: "Qualcosa in lei, qualcosa di sepolto e appena percettibile, suggeriva che L. era tornata da lontano". Suo marito si è suicidato qualche anno fa, lasciandola vedova e senza figli. Da allora vive da sola e ha perso i contatti con la maggior parte dei suoi amici. La sua personalità è paradossale: da un lato sembra equilibrata e controllata, dall'altro può essere imprevedibile e violenta. In questo modo, la vediamo sotto diverse luci: a volte divertente e allegra, altre volte sensibile e misteriosa. Oltre a questo temperamento contraddittorio, L. ha alcune fobie (ad esempio, ha una paura morbosa dei roditori) e mette in atto strani rituali quando mangia fuori casa o invita qualcuno. Di conseguenza, le diverse sfaccettature della sua personalità seminano dubbi nella mente del lettore, che non sa cosa fare di questo personaggio enigmatico.

FRANÇOIS

François è un critico letterario e da diversi anni è il compagno di Delphine. Spesso deve viaggiare all'estero per lavoro. Il narratore lo descrive come "l'uomo che amo". Nonostante il legame che li unisce, François non è molto presente nella vita di Delphine. È molto occupato e ha una serie di responsabilità, e sembra preferire che ciascuna metà della coppia mantenga la propria indipendenza e privacy.

Quando il narratore inizia a passare del tempo con L., lei non dice nulla a François che non la incontra mai. Inoltre, Delphine non osa parlare a François delle sue difficoltà di scrittura. Poiché lui conosce bene il mondo letterario, ha paura che lui la giudichi o, peggio, che smetta di amarla. Quando Delphine torna da Courseilles, François non si fida della sua versione dei fatti, ritenendola inverosimile. Crede che L. non sia altro che un frutto dell'immaginazione della narratrice, una sorta di suo doppio che serve da pretesto per scrivere un altro libro.

ANALISI

UNA SORTA DI AUTOBIOGRAFIA

Da una storia vera potrebbe essere considerato un tipo di testo autobiografico, poiché contiene molte delle caratteristiche di questo genere. In primo luogo, la narratrice racconta la sua storia in prima persona. In secondo luogo, sono presenti alcuni elementi personali della vita di de Vigan: il suo nome di battesimo, il fatto che sia una scrittrice, il fatto che sia divorziata e abbia due figli, la sua timidezza, le sue lotte con la fama, il successo del suo ultimo libro, il fatto che il suo compagno sia un critico letterario, e così via. Tutto è sottilmente organizzato per darci l'impressione che il libro sia autobiografico.

Tuttavia, alcuni elementi rendono il romanzo diverso dalla scrittura autobiografica tradizionale. Innanzitutto, c'è la presenza di L., la nuova amica che appare dal nulla e sulla quale il lettore si interroga costantemente. È reale? O è stata creata dalla scrittrice (la voce narrante del romanzo) come espediente per il suo prossimo libro? Il dubbio permane. Inoltre, il tema centrale del romanzo di de Vigan rimane vago: si tratta davvero di una storia di manipolazione e tradimento da parte di un amico? O ha un altro significato? In effetti, questa trama potrebbe essere un pretesto per esprimere il disagio dell'autrice per la sua celebrità e la sua paura di scrivere il suo prossimo libro? Questi elementi fittizi e vaghi rendono il romanzo diverso dall'autobiografia come la concepiamo di solito.

Da una storia vera si distingue dalla pura autobiografia anche per il suo stretto legame con il thriller psicologico. Questo genere letterario è un sottogenere del thriller e del romanzo horror e si concentra sul conflitto mentale ed emotivo vissuto dai personaggi. Ad esempio, spesso sperimentano allucinazioni e paranoia. In *Da una storia vera*, possiamo notare le caratteristiche di questo genere nel disturbo emotivo di Delphine: in più occasioni, ci troviamo a dubitare della sua lucidità e della sua salute mentale. Inoltre, il lettore è tenuto sulle spine per tutto il libro, come in un romanzo poliziesco. Ci chiediamo continuamente quale sia la vera identità di L. e cosa accadrà in seguito. Sentiamo che sta per accadere qualcosa di grosso, e così si dimostra, visto che L. tenta di avvelenare Delphine alla fine della storia. Infine, all'inizio di ogni sezione vengono utilizzati come epigrafi riferimenti espliciti allo scrittore americano e maestro della suspense Stephen King (nato nel 1947): "Dentro di lui una voce sussurrò per la prima volta: Chi sei quando scrivi, Thad? Chi sei allora?" (Stephen King, *La metà oscura*). In particolare, *Da una storia vera* sembra essere direttamente ispirato al romanzo di King *Misery* (1987), in cui uno scrittore di successo viene rapito da uno dei suoi ammiratori. Queste citazioni aumentano la tensione e l'ombra di King non fa che aumentare l'ansia del lettore.

LA DUALITÀ DELLO SCRITTORE

A un certo punto del romanzo, François dice di sentirsi come se ci fossero momenti in cui qualcuno si impossessa di Delphine, mettendo così in primo piano il tema della dualità. Man mano che si procede nel romanzo, ci si rende conto che non si tratta solo di manipolazione e tradimento. Il romanzo ci invita infatti a riflettere sulla dualità degli esseri umani, e più in particolare sulla dualità degli scrittori.

Il rapporto misterioso e un po' dispotico tra le due donne solleva interrogativi sul doppio e ci porta a chiederci se tutti noi possiamo essere costituiti da due lati contrastanti. Questo vale solo per gli scrittori o per tutti gli esseri umani? Quando scrivono, gli autori sembrano avere due personalità che si oppongono e si completano a vicenda: la loro personalità nella vita reale e quella che incarnano nei loro romanzi, che differisce dal loro vero io e che può compensare i loro difetti. La dualità della scrittrice è visibile nei personaggi di Delphine e L.: si assomigliano e si completano a vicenda, e i pregi di una donna compensano le mancanze dell'altra. Per esempio, L. ha capacità sociali e relazionali che la scrittrice può solo sognare. Sembra una versione migliorata di Delphine. Nel corso del romanzo, abbiamo l'impressione che L. sostituisca gradualmente la narratrice, fino a quando le due donne non saranno una sola persona.

Per questo, alla fine del romanzo, il lettore si chiede se i due protagonisti possano rappresentare i due lati di una stessa persona, come lo yin e lo yang. Vista da questo punto di vista, Delphine potrebbe avere un lato sicuro di sé che ottiene tutto ciò che vuole, rappresentato da L., e un altro lato introverso che lotta per raggiungere i suoi obiettivi.

LO STATUS DELLA NARRATIVA ALL'INTERNO DELLA LETTERATURA

Da una storia vera solleva anche domande sull'atto della scrittura, anche se il disagio che Delphine prova quando non riesce a scrivere il suo prossimo libro. In questo contesto, il libro affronta il tema dello status della narrativa all'interno della letteratura. In effetti, il libro è caratterizzato da lunghe conversazioni tra L. e Delphine, che hanno opinioni diverse su questo argomento controverso: le opere letterarie devono essere interamente finzionali? O, al contrario, l'autobiografia è l'unica cosa che vale la pena scrivere? Qual è il senso della scrittura? Secondo L., "non rimane nulla di personaggi fittizi che non hanno alcun legame con la realtà". È convinta che "l'unico tipo di scrittura è la scrittura di sé". Inoltre, pensa che la gente non creda più alla finzione e cerchi la verità: perché un romanzo abbia valore, deve assolutamente fare riferimento alla realtà, altrimenti rischia di essere visto come vuoto e impersonale. Di conseguenza, L. insiste sul fatto che Delphine dovrebbe scrivere un libro basato sulle proprie esperienze, senza affidarsi alla finzione. Al contrario, Delphine pensa che l'importante in un romanzo sia che permetta al lettore di evadere, perdersi nella storia e divertirsi. È convinta che questo sia il motivo per cui esiste la letteratura e, di conseguenza, che sia essenziale incorporare elementi di finzione.

ULTERIORI RIFLESSIONI

ALCUNE DOMANDE SU CUI RIFLETTERE...

- "Ogni scrittura sul sé è un romanzo. La storia è un'illusione. Non esiste. Nessun libro dovrebbe essere autorizzato ad averlo stampato in copertina". Commenta questa citazione.

- Secondo lei, in che misura *Da una storia vera* contiene una dimensione autobiografica? Giustificate la vostra risposta con esempi tratti dal testo.

- Spiegate le tre fasi del romanzo: seduzione, depressione e tradimento.

- Secondo voi, L. è una persona reale o frutto dell'immaginazione di Delphine? Giustificate la vostra risposta.

- Alla luce del tema dei doppi, come interpreterebbe la seguente citazione: "Oggi so che L. è l'unica ragione della mia impotenza"?

- Secondo lei, in un'epoca in cui le storie di vita reale, i documentari e altre testimonianze personali riscuotono un grande successo, che posto possiamo riservare alla narrativa all'interno della letteratura?

- In che modo il romanzo genera suspense?

- "Il lettore era sempre pronto a cedere e a trattare la finzione come la realtà". Siete d'accordo con questa citazione dell'autore?

- Diversi libri di Delphine de Vigan sono già stati adattati per il cinema. Secondo lei, sarebbe possibile fare lo stesso con questo libro? Se sì, come procederebbe?

- Utilizzando estratti del testo a sostegno della vostra risposta, spiegate la sensazione di dualità del narratore.

ULTERIORI LETTURE

EDIZIONE DI RIFERIMENTO

De Vigan, D. (2017) *Da una storia vera*. Trans. Miller, G. Londra: Bloomsbury.

Vogliamo sapere da voi!
Lasciate un commento sulla vostra biblioteca online
e condividete i vostri libri preferiti sui social media!

www.50minutes.com

Master ISBN: 9782808690539
ISBN cartaceo: 9782808611930
Deposito legale: D/2023/12603/1473

Copertura: © Primento

Concezione digitale a cura di Primento, il partner digitale degli editori.